Il libro definitivo della friggitrice ad aria

Le migliori ricette per grigliare, arrostire, cuocere. Brucia i grassi senza sentire la fame, riacquista fiducia e perdi peso velocemente.

Ursula Mayert

Tabella dei contenuti

—

4

Le informazioni contenute nelle pagine seguenti sono ampiamente considerate un resoconto veritiero e accurato dei fatti e come tali, qualsiasi disattenzione, uso o abuso delle informazioni in questione da parte del lettore renderà qualsiasi azione risultante esclusivamente sotto la loro responsabilità. Non ci sono scenari in cui l'editore o l'autore originale di questo lavoro possano essere in alcun modo ritenuti responsabili per qualsiasi difficoltà o danno che possa accadere dopo aver intrapreso le informazioni qui descritte.

Inoltre, le informazioni contenute nelle pagine seguenti sono intese solo a scopo informativo e devono quindi essere considerate come universali. Come si addice alla sua natura, sono presentate senza garanzia della loro validità prolungata o della loro qualità provvisoria. I marchi di fabbrica che sono menzionati sono fatti senza consenso scritto e non possono in alcun modo essere considerati un'approvazione da parte del titolare del marchio.

Introduzione

Una friggitrice ad aria è un elettrodomestico da cucina relativamente nuovo che ha dimostrato di essere molto popolare tra i consumatori. Mentre ci sono molte varietà diverse disponibili, la maggior parte delle friggitrici condivide molte caratteristiche comuni. Tutte hanno elementi riscaldanti che fanno circolare aria calda per cuocere il cibo. La maggior parte è dotata di impostazioni pre-programmate che aiutano gli utenti a preparare un'ampia varietà di cibi.

La frittura ad aria è uno stile di cottura più sano perché usa meno olio dei metodi tradizionali di frittura. Mentre conserva il sapore e la qualità del cibo, riduce la quantità di grasso usato nella cottura. La frittura all'aria è un metodo comune per "friggere" gli alimenti che sono fatti principalmente con uova e farina. Questi alimenti possono essere morbidi o croccanti a vostro piacimento usando questo metodo.

Come funzionano le friggitrici ad aria

Le friggitrici ad aria usano una ventola per far circolare l'aria calda intorno al cibo. L'aria calda riscalda l'umidità del cibo fino a farla evaporare e creare vapore. Quando il vapore si accumula intorno al cibo, crea una pressione che tira l'umidità dalla superficie del cibo e la spinge via dal centro, formando piccole bolle. Le bolle creano uno strato d'aria che circonda il cibo e crea una crosta croccante.

Scegliere una friggitrice ad aria

Quando si sceglie una friggitrice ad aria, cercane una che abbia buone recensioni per la soddisfazione dei clienti. Inizia con le caratteristiche di cui hai bisogno, come la potenza, le dimensioni della capacità e gli accessori. Cercane una che sia facile da usare. Alcune friggitrici ad aria sul mercato hanno un timer incorporato e una temperatura regolabile. Cercatene una con un imbuto per catturare il grasso, un cestello lavabile in lavastoviglie e parti facili da pulire.

Come usare una friggitrice ad aria

Per i migliori risultati, preriscalda la friggitrice ad aria a 400 F per 10 minuti. Preriscaldare la friggitrice ad aria permette di raggiungere la giusta temperatura più velocemente. Inoltre, preriscaldare la friggitrice ad aria è essenziale per assicurarsi che il cibo non si bruci.

Come cucinare cose in una friggitrice ad aria

Se non avete ancora una friggitrice ad aria, potete iniziare a giocare con i vostri forni buttandoci dentro delle patatine fritte congelate e cuocendole fino a quando non sono dorate in modo uniforme. A seconda del vostro forno, date un'occhiata alla temperatura. Potrebbe essere necessario aumentare o diminuire il tempo.

Quali cibi si possono cucinare in una friggitrice ad aria?

Uova: anche se è possibile cucinare le uova in una friggitrice ad aria, non lo consigliamo perché non è possibile controllare il tempo di cottura e la temperatura con la stessa precisione di una padella tradizionale. È molto più facile ottenere uova cotte in modo non uniforme. Inoltre, non si possono aggiungere salse o condimenti e non si ottengono bordi croccanti e dorati.

Cibi congelati: Generalmente, i cibi congelati sono meglio cucinati nel forno convenzionale perché hanno bisogno di raggiungere una certa temperatura per essere cotti correttamente. La friggitrice ad aria non è in grado di raggiungere temperature tali da rendere il cibo completamente cotto.

Cibi disidratati: I cibi disidratati richiedono una frittura, che non è qualcosa che si può fare con una friggitrice ad aria. Quando si tratta di cucinare cibi disidratati, la friggitrice ad aria non è l'opzione migliore.

Verdure: È possibile cucinare le verdure in una friggitrice ad aria, ma bisogna assicurarsi che la friggitrice ad aria non sia impostata ad una temperatura tale da bruciarle.

Per assicurarti che le tue verdure non siano troppo cotte, avvia la friggitrice ad aria con il cestello spento, poi buttaci dentro le verdure quando l'aria si è riscaldata e non ci sono più punti freddi.

Assicurati di mescolare le verdure ogni pochi minuti. Anche la cottura nel cestello è un'opzione, ma potrebbero attaccarsi un po'.

Patatine fritte: Friggere le patatine in una friggitrice ad aria è un buon modo per ottenere patatine croccanti e dorate senza aggiungere molto olio. Rispetto alla frittura convenzionale, la frittura ad aria produce meno calorie.

Per cucinare le patatine fritte in una friggitrice ad aria, usate un cestello o una rastrelliera e versate abbastanza olio da arrivare circa a metà dell'altezza delle patatine. Per i migliori risultati, assicurati che le patatine siano congelate. Girate la friggitrice a 400 gradi e impostatela per 12 minuti. Se le vuoi extra croccanti, puoi impostare per 18 minuti, ma potrebbero bruciarsi un po'.

Vantaggi di una friggitrice ad aria:

- È uno dei modi più semplici per cucinare cibi sani. Usato 4-5 volte alla settimana, è un'opzione più sana che friggere con olio nel forno convenzionale o usare cibi in scatola.

- I pasti con la friggitrice ad aria sono un modo facile per servire cibi gustosi che non occupano molto spazio. Le friggitrici ad aria permettono di cucinare tre volte più cibo che nel microonde.

- Le friggitrici ad aria hanno un piccolo ingombro e si possono riporre in un armadio quando non si usano.

-Sono elettrodomestici da cucina versatili. Puoi usarli per cucinare cibo per pranzo, cena e spuntini.

- Le friggitrici ad aria richiedono poco o niente per la cucina. Si possono usare con il coperchio, il che significa che c'è meno da lavare.

Petti d'anatra marinati

Ricetta intermedia

Tempo di preparazione: 1 giorno

Tempo di cottura: 20 minuti

Porzioni: 2

Ingredienti:

1   petti d'anatra

2   1 tazza di vino bianco

3   ¼ di tazza di salsa di soia

4   spicchi d'aglio tritati

5   sorgenti di dragoncello

6   Sale e pepe nero a piacere

7 1 cucchiaio di burro

8 ¼ di tazza di vino sherry

Indicazioni:

- In una ciotola, mescolare i petti d'anatra con vino bianco, salsa di soia, aglio, dragoncello, sale e pepe, mescolare bene e tenere in frigo per 1 giorno. Trasferire i petti d'anatra nella friggitrice ad aria preriscaldata a 350 gradi F e cuocere per 10 minuti, girando a metà.

- Nel frattempo, versare la marinata in una padella, riscaldare a fuoco medio, aggiungere il burro e lo sherry, mescolare, portare a ebollizione, cuocere per 5 minuti e togliere dal fuoco. Dividere i petti d'anatra sui piatti, irrorare con la salsa dappertutto e servire. Buon appetito!

Nutrizione:

Calorie 475

Grasso 12

Carboidrati 10

Proteina 48

Mix di pollo e ravanelli

Ricetta di base

Tempo di preparazione: 10 minuti

Tempo di cottura: 30 minuti

Porzioni: 4

Ingredienti:

1   cose di pollo, con osso
2   Sale e pepe nero a piacere
3   1 cucchiaio di olio d'oliva
4   1 tazza di brodo di pollo
5   ravanelli, dimezzati
6   1 cucchiaino di zucchero
7   carote tagliate a bastoncini sottili
8   cucchiaio di erba cipollina, tritata

Indicazioni:

- Scaldare una padella adatta alla friggitrice a fuoco medio, aggiungere il brodo, le carote, lo zucchero e i ravanelli, mescolare delicatamente, ridurre il calore a medio, coprire parzialmente la pentola e cuocere a fuoco lento per 20 minuti Strofinare il pollo con olio d'oliva, condire con sale e pepe, mettere nella friggitrice e cuocere a 350 gradi F per 4 minuti.

- Aggiungete il pollo al mix di ravanelli, saltate, introducete tutto nella vostra friggitrice ad aria, cuocete per altri 4 minuti, dividete tra i piatti e servite. Buon appetito!

Nutrizione:

Calorie 237

Grasso 10

Carboidrati 19

Proteina 29

Petti di pollo e salsa barbecue al peperoncino

Ricetta di base

Tempo di preparazione: 10 minuti

Tempo di cottura: 20 minuti

Porzioni: 6

Ingredienti:

1. tazze di salsa di peperoncino
2. tazze di ketchup
3. 1 tazza di gelatina di pere
4. ¼ di tazza di miele
5. ½ cucchiaino di fumo liquido

6   1 cucchiaino di peperoncino in polvere

7   1 cucchiaino di senape in polvere

8   1 cucchiaino di paprika dolce

9   Sale e pepe nero a piacere

10 1 cucchiaino di aglio in polvere

11 petti di pollo, senza pelle e senza ossa

Indicazioni:

- Condire i petti di pollo con sale e pepe, mettere nella friggitrice ad aria preriscaldata e cuocere a 350 gradi F per 10 minuti Nel frattempo, riscaldare una padella con la salsa di peperoncino a fuoco medio, aggiungere il ketchup, la gelatina di pere, il miele, il fumo liquido, il peperoncino in polvere, la senape in polvere, la paprika dolce, il sale, il pepe e l'aglio in polvere, mescolare, portare ad ebollizione e cuocere per 10 minuti Aggiungere i petti di pollo fritti ad aria, mescolare bene, dividere tra i piatti e servire. Buon appetito!

Nutrizione:

Calorie 473

Grasso 13

Carboidrati 39

Proteina 33

Petti d'anatra e mix di mango

Ricetta intermedia

Tempo di preparazione: 1 ora

Tempo di cottura: 20 minuti

Porzioni: 4

Ingredienti:

1   petti d'anatra

2   1 e ½ cucchiaio di citronella, tritata

3   cucchiai di succo di limone

4   cucchiai di olio d'oliva

5   Sale e pepe nero a piacere

6   spicchi d'aglio tritati

7   Per il mix di mango:

8   1 mango, sbucciato e tritato

9   1 cucchiaio di coriandolo, tritato

10 1 cipolla rossa, tritata

11 1 cucchiaio di salsa di peperoncino dolce

12 1 e ½ cucchiaio di succo di limone

13 1 cucchiaino di zenzero grattugiato

14 ¾ di cucchiaino di zucchero

Indicazioni:

- In una ciotola, mescolare i petti d'anatra con sale, pepe, citronella, 3 cucchiai di succo di limone, olio d'oliva e aglio, mescolare bene, tenere in frigo per 1 ora, trasferire nella friggitrice ad aria e cuocere a 360 gradi F per 10 minuti, girando una volta.

- Nel frattempo, in una ciotola, mescolare il mango con coriandolo, cipolla, salsa di peperoncino, succo di limone, zenzero e zucchero e mescolare bene. Dividere l'anatra sui piatti, aggiungere il mix di mango a lato e servire. Buon appetito!

Nutrizione:

Calorie 465

Grasso 11

Carboidrati 29

Proteina 38

Casseruola di pollo cremosa e veloce

Ricetta di base

Tempo di preparazione: 10 minuti

Tempo di cottura: 15 minuti

Porzioni: 4

Ingredienti:

1. once di spinaci, tritati
2. cucchiai di burro
3. cucchiai di farina
4. 1 tazza e ½ di latte
5. ½ tazza di parmigiano, grattugiato
6. ½ tazza di panna pesante
7. Sale e pepe nero a piacere
8. tazza di petti di pollo, senza pelle, senza ossa e a cubetti
9. 1 tazza di pangrattato

Indicazioni:

- Scaldare una padella con il burro a fuoco medio, aggiungere la farina e mescolare bene. Aggiungere il latte, la panna pesante e il parmigiano, mescolare bene, cuocere ancora per 1-2 minuti e togliere dal fuoco. In una padella adatta alla vostra friggitrice ad aria, stendete il pollo e gli spinaci. Aggiungere sale e pepe e mescolare. Aggiungere il mix di panna e spalmare, cospargere di pangrattato, introdurre nella friggitrice e cuocere a 350 per 12 minuti Dividere il mix di pollo e spinaci sui piatti e servire. Buon appetito!

Nutrizione:

Calorie 321

Grasso 9

Carboidrati 22

Proteina 17

Pollo e pesche

Ricetta di base

Tempo di preparazione: 10 minuti

Tempo di cottura: 30 minuti

Porzioni: 6

Ingredienti:

1 1 pollo intero, tagliato in pezzi medi
2 ¾ di tazza d'acqua
3 1/3 di tazza di miele
4 Sale e pepe nero a piacere
5 ¼ di tazza di olio d'oliva

6   pesche, dimezzate

Indicazioni:

- Mettere l'acqua in una pentola, portare a ebollizione a fuoco medio, aggiungere il miele, sbattere molto bene e lasciare da parte. Strofinare i pezzi di pollo con l'olio, condire con sale e pepe, mettere nel cestello della friggitrice ad aria e cuocere a 350 gradi F per 10 minuti Spennellare il pollo con un po' della miscela di miele, cuocere per altri 6 minuti, girare di nuovo, spennellare ancora una volta con la miscela di miele e cuocere per altri 7 minuti. Dividere i pezzi di pollo sui piatti e tenere in caldo. Spennellare le pesche con ciò che è rimasto della marinata al miele, metterle nella friggitrice e cuocerle per 3 minuti Dividere tra i piatti accanto ai pezzi di pollo e servire. Buon appetito!

Nutrizione:

Calorie 430

 Grasso 14

Carboidrati 15

Proteina 20

Pollo glassato al tè

Ricetta di base

Tempo di preparazione: 10 minuti

Tempo di cottura: 30 minuti

Porzioni: 6

Ingredienti:

1. ½ tazza di conserva di albicocche
2. ½ tazza di conserva di ananas
3. cosce di pollo
4. 1 tazza di acqua calda
5. bustine di tè nero
6. 1 cucchiaio di salsa di soia
7. 1 cipolla, tritata
8. ¼ di cucchiaino di fiocchi di pepe rosso
9. 1 cucchiaio di olio d'oliva
10. Sale e pepe nero a piacere
11. cosce di pollo

Indicazioni:

- Mettere l'acqua calda in una ciotola, aggiungere le bustine di tè, lasciare da parte coperto per 10 minuti, scartare le bustine alla fine e trasferire il tè in un'altra ciotola. Aggiungere la salsa di soia, i fiocchi di pepe, la conserva di albicocche e ananas, sbattere molto bene e togliere dal fuoco.

- Condire il pollo con sale e pepe, strofinare con olio, mettere nella friggitrice ad aria e cuocere a 350 gradi F per 5 minuti Distribuire la cipolla sul fondo di una teglia che si adatta alla friggitrice ad aria, aggiungere i pezzi di pollo, irrorare con la glassa di tè in cima, introdurre nella friggitrice ad aria e cuocere a 320 gradi F per 25 minuti Dividere tutto sui piatti e servire. Buon appetito!

Nutrizione:

Calorie 298

Grasso 14

Carboidrati 14

Proteina 30

Ratatouille

Ricetta di base

Tempo di preparazione: 10 minuti

Tempo di cottura: 20 minuti

Porzioni: 4

Ingredienti:

1 Pomodori Roma, con semi e tritati

2 spicchi d'aglio, affettati

3 1 melanzana baby, sbucciata e tagliata a pezzi

4 1 peperone rosso, tritato

5 1 peperone giallo, tritato

6 1 cipolla piccola, tritata

7 1 cucchiaino di condimento italiano

8 1 cucchiaino di olio d'oliva

Indicazioni:

- In una ciotola media di metallo, combinare delicatamente i pomodori, l'aglio, le melanzane, i peperoni rossi e gialli, la cipolla, il condimento italiano e l'olio d'oliva. Mettere la ciotola nella friggitrice ad aria. Arrostire per 12-16 minuti, mescolando una volta, fino a quando le verdure sono tenere. Servire caldo o freddo.

Nutrizione:

Calorie 69

Grasso 2g

Proteina 2g

Carboidrati 11g

Involtini di verdure

Ricetta di base

Tempo di preparazione: 15 minuti

Tempo di cottura: 10 minuti

Porzioni: 4

Ingredienti:

1 ½ tazza di zucca gialla estiva tritata

2 ⅓ tazza di carota grattugiata

3 ½ tazza di peperone rosso tritato

4 scalogni, parti bianche e verdi, tritati

5 1 cucchiaino di salsa di soia a basso contenuto di sodio

6 involtini di uova (vedi Suggerimento)

7 1 cucchiaio di amido di mais

8 1 uovo, sbattuto

Indicazioni:

- In una ciotola media, mescolare la zucca gialla, la carota, il peperone rosso, lo scalogno e la salsa di soia.

- Disporre gli involtini su una superficie di lavoro. Ricoprire ciascuno con circa 3 cucchiai del composto di verdure.

- In una piccola ciotola, mescolare accuratamente l'amido di mais e l'uovo. Spennellare un po' di miscela di uova sui bordi di ogni involucro. Arrotolare gli involtini, ripiegando i lati in modo che il ripieno sia contenuto. Spennellare la miscela di uova sull'esterno di ogni involtino.
- Friggetelo all'aria per 7-10 minuti o fino a quando non è marrone e croccante e servitelo immediatamente.

Nutrizione:

Calorie 130

Grasso 2g

Proteine 6g

Carboidrati 23g

Panini con formaggio alla griglia e verdure

Ricetta di base

Tempo di preparazione: 15 minuti

Tempo di cottura: 10 minuti

Porzioni: 4

Ingredienti:

1. 1½ tazze di verdura mista tritata (cavolo, bietola, collard; vedi Suggerimento)
2. spicchi d'aglio, tagliati sottili
3. cucchiaini di olio d'oliva
4. fette di formaggio svizzero a basso contenuto di sodio e a basso contenuto di grassi
5. fette di pane integrale a basso contenuto di sodio
6. Olio d'oliva spray, per rivestire i panini

Indicazioni:

- In una padella di 6 per 2 pollici, mescolare le verdure, l'aglio e l'olio d'oliva. Cuocere nella friggitrice ad aria per 4 o 5 minuti, mescolando una volta, finché le verdure sono tenere. Asciugare, se necessario.
- Fate 2 panini, dividendo metà delle verdure e 1 fetta di formaggio svizzero tra 2 fette di pane. Spruzzare leggermente il lato esterno dei panini con olio d'oliva spray.

- Grigliare i panini nella friggitrice ad aria per 6-8 minuti, girando con le pinze a metà strada, fino a quando il pane è tostato e il formaggio si scioglie.
- Tagliare ogni panino a metà per servire.

Nutrizione:

Calorie 176

Grasso 6g

Proteine 10g

Carboidrati 24g

Veggie Tuna Melts

Ricetta di base

Tempo di preparazione: 15 minuti

Tempo di cottura: 10 minuti

Porzioni: 4

Ingredienti:

1   muffin inglesi integrali a basso contenuto di sodio spaccati

2   1 (6-ounce) può chunk light low-sodium tuna, Dry outed

3   1 tazza di carota tagliuzzata

4   ⅓ tazza di funghi tritati

5   scalogni, parti bianche e verdi, affettati

6   ⅓ tazza di yogurt greco non grasso

7   cucchiai di senape macinata a pietra a basso contenuto
    di sodio

8   fette di formaggio svizzero a basso contenuto di sodio e
    a basso contenuto di grassi, dimezzate

Indicazioni:

- Mettere le metà dei muffin inglesi nel cestello della
  friggitrice. Grigliare per 3 o 4 minuti, o fino a quando
  non sono croccanti. Togliere dal cestello e mettere da
  parte.

- In una ciotola media, mescolare accuratamente il
  tonno, la carota, i funghi, gli scalogni, lo yogurt e la
  senape. Ricoprire ogni metà dei muffin con un quarto
  del composto di tonno e una mezza fetta di formaggio
  svizzero.

- Grigliare nella friggitrice ad aria per 4-7 minuti, o fino a
  quando il composto di tonno è caldo e il formaggio si
  scioglie e comincia a dorare. Servire immediatamente.

Nutrizione:

Calorie 191

Grasso 4g

Proteina 23g

Carboidrati 16g

California Melts

Ricetta di base

Tempo di preparazione: 10 minuti

Tempo di cottura: 5 minuti

Porzioni: 4

Ingredienti:

1. muffin inglesi integrali a basso contenuto di sodio spaccati
2. cucchiai di yogurt greco non grasso
3. foglie di spinaci freschi
4. 1 pomodoro maturo, tagliato in 4 fette
5. ½ avocado maturo, sbucciato, snocciolato e tagliato a fette nel senso della lunghezza (vedi Suggerimento)
6. foglie di basilico fresco
7. cucchiai di formaggio feta senza grassi a basso contenuto di sodio sbriciolato, diviso

Indicazioni:

- Mettere le metà dei muffin inglesi nella friggitrice ad aria. Tostate per 2 minuti, o fino a quando sono leggermente dorati. Trasferire su una superficie di lavoro.
- Spalmare ogni metà di muffin con 1½ cucchiaino di yogurt.

- Sopra ogni metà di muffin con 2 foglie di spinaci, 1 fetta di pomodoro, un quarto dell'avocado e 2 foglie di basilico. Cospargere ciascuno con 1 cucchiaio di formaggio feta. Tostare i panini nella friggitrice ad aria per 3 o 4 minuti, o fino a quando il formaggio si ammorbidisce e il panino è caldo. Servire immediatamente.

Nutrizione:

Calorie 110

Grasso 3g

Proteine 8g

Carboidrati 13g

Panini di pita alle verdure

Ricetta di base

Tempo di preparazione: 10 minuti

Tempo di cottura: 20 minuti

Porzioni: 4

Ingredienti:

1. 1 melanzana baby sbucciata e tagliata a pezzi (vedi Suggerimento)
2. 1 peperone rosso, affettato
3. ½ tazza di cipolla rossa a dadini
4. ½ tazza di carota tagliuzzata
5. 1 cucchiaino di olio d'oliva
6. ⅓ tazza di yogurt greco magro

7   ½ cucchiaino di dragoncello secco

8   pane pita integrale a basso contenuto di sodio, tagliato a
    metà in senso trasversale

Indicazioni:

- In una padella di 6 per 2 pollici, mescolate insieme le
  melanzane, il peperone rosso, la cipolla rossa, la carota
  e l'olio d'oliva. Mettere il composto di verdure nel
  cestello della friggitrice e arrostire per 7-9 minuti,
  mescolando una volta, fino a quando le verdure sono
  tenere. Asciugare se necessario.

- In una piccola ciotola, mescolare accuratamente lo
  yogurt e il dragoncello fino a quando sono ben
  combinati.

- Mescolare il composto di yogurt alle verdure. Farcire un
  quarto di questo composto in ogni tasca di pita.

- Mettere i panini nella friggitrice ad aria e cuocere per 2
  o 3 minuti, o fino a quando il pane è tostato. Servire
  immediatamente.

Nutrizione:

Calorie 176

Grasso 4g

Proteine 7g

Carboidrati 27g

Falafel

Ricetta di base

Tempo di preparazione: 10 minuti

Tempo di cottura: 20 minuti

Porzioni: 4

Ingredienti:

1. 1 (16-ounce) può senza sale aggiunto ceci sciacquati e asciugati
2. ⅓ tazza di farina di pasta integrale
3. ⅓ tazza di cipolla rossa tritata
4. spicchi d'aglio tritati
5. cucchiai di coriandolo fresco tritato
6. 1 cucchiaio di olio d'oliva
7. ½ cucchiaino di cumino macinato
8. ¼ di cucchiaino di pepe di Caienna

Indicazioni:

- In una ciotola media, schiacciare i ceci con uno schiacciapatate fino ad ottenere un composto quasi liscio.

- Mescolare la farina di pasta, la cipolla rossa, l'aglio, il coriandolo, l'olio d'oliva, il cumino e la cayenna fino ad amalgamarli bene. Rassodare il composto di ceci in 12 palline. Friggere le palline di falafel all'aria, in gruppi, per 11-13 minuti, o fino a quando i falafel sono sodi e leggermente dorati. Servire.

Nutrizione:

Calorie 172

Grasso 5g

Proteine 7g

Carboidrati 25g

Pomodori ripieni

Ricetta di base

Tempo di preparazione: 5 minuti

Tempo di cottura: 20 minuti

Porzioni: 4

Ingredienti:

1. pomodori medi a bistecca, sciacquati e asciugati
2. 1 cipolla media, tritata
3. ½ tazza di carota grattugiata
4. 1 spicchio d'aglio, tritato
5. cucchiaini di olio d'oliva
6. tazze di spinaci freschi
7. ¼ di tazza di formaggio feta a basso contenuto di sodio sbriciolato
8. ½ cucchiaino di basilico secco

Indicazioni:

*   Tagliare circa ½ pollice dalla parte superiore di ogni pomodoro. Svuotateli delicatamente (vedi Suggerimento), lasciando una parete di circa ½ pollice di spessore. Asciugare i pomodori, a testa in giù, su carta assorbente mentre si prepara il ripieno.
*   In una teglia di 6 per 2 pollici, mescolare la cipolla, la carota, l'aglio e l'olio d'oliva. Cuocere da 4 a 6 minuti, o fino a quando le verdure sono croccanti e tenere.
*   Mescolare gli spinaci, il formaggio feta e il basilico.

- Riempire ogni pomodoro con un quarto del composto di verdure. Cuocere i pomodori nel cestello della friggitrice ad aria per 12-14 minuti, o fino a quando sono caldi e teneri.
- Servire immediatamente.

Nutrizione:

Calorie 79

Grasso 3g

Proteina 3g

Carboidrati 9g

Mini patate cariche

Ricetta di base

Tempo di preparazione: 5 minuti

Tempo di cottura: 25 minuti

Porzioni: 2

Ingredienti:

1   24 piccole patate novelle, o patate da crema, sciacquate, lavate e asciugate
2   1 cucchiaino di olio d'oliva
3   ½ tazza di yogurt greco magro
4   1 cucchiaio di senape a basso contenuto di sodio macinata a pietra (vedi Suggerimento)
5   ½ cucchiaino di basilico secco
6   Pomodori Roma, con semi e tritati

7   scalogni, parti bianche e verdi, tritati

8   cucchiai di erba cipollina fresca tritata

Indicazioni:

- In una grande ciotola, mescolare le patate con l'olio d'oliva. Trasferire nel cestello della friggitrice ad aria. Arrostire per 20-25 minuti, scuotendo il cestello una volta, fino a quando le patate sono croccanti all'esterno e tenere all'interno. Nel frattempo, in una piccola ciotola, mescolate insieme lo yogurt, la senape e il basilico.

- Mettete le patate su un piatto da portata e schiacciatele leggermente con il fondo di un bicchiere. Ricoprire le patate con la miscela di yogurt. Cospargere con i pomodori, gli scalogni e l'erba cipollina. Servire immediatamente.

Nutrizione:

Calorie 100

Grasso 2g

Proteine 5g

Carboidrati 19g

Quiche vegetariana senza crosta

Ricetta di base

Tempo di preparazione: 5 minuti

Tempo di cottura: 20 minuti

Porzioni: 3

Ingredienti:

1. albumi d'uovo
2. 1 uovo
3. 1 tazza di spinaci tritati congelati, scongelati e asciugati
4. 1 peperone rosso, tritato
5. ½ tazza di funghi tritati
6. ⅓ tazza di cipolla rossa tritata
7. 1 cucchiaio di senape a basso contenuto di sodio
8. 1 fetta di formaggio svizzero a basso contenuto di sodio e a basso contenuto di grassi, strappato in piccoli pezzi
9. Spray da cucina antiaderente con farina, per ungere la padella

Indicazioni:

- In una ciotola media, sbattere gli albumi e l'uovo fino ad amalgamarli.
- Mescolare gli spinaci, il peperone rosso, i funghi, la cipolla e la senape.
- Mescolare il formaggio svizzero.
- Spruzzare una padella da 6 per 2 pollici con spray antiaderente.

- Versare il composto di uova nella padella preparata.
- Infornare per 18-22 minuti, o fino a quando il composto di uova è gonfio, leggermente dorato e pronto. Raffreddare per 5 minuti prima di servire.

Nutrizione:

Calorie 76

Grasso 3g

Proteine 8g

Carboidrati 4g

Uova strapazzate con broccoli e spinaci

Ricetta di base

Tempo di preparazione: 15 minuti

Tempo di cottura: 20 minuti

Porzioni: 4

Ingredienti:

1. cucchiaini di burro non salato
2. 1 cipolla media, tritata
3. 1 peperone rosso, tritato
4. 1 tazza di cimette di broccolo piccole
5. ½ cucchiaino di maggiorana secca
6. albumi d'uovo
7. uova
8. 1 tazza di spinaci freschi

Indicazioni:

- In una padella di 6 per 2 pollici nella friggitrice ad aria, scaldare il burro per 1 minuto, o finché non si scioglie.
- Aggiungere la cipolla, il peperone rosso, i broccoli, la maggiorana e 1 cucchiaio di acqua. Friggere all'aria per 3-5 minuti, o fino a quando le verdure sono croccanti e tenere. Asciugare, se necessario.
- Nel frattempo, in una ciotola media, sbattere gli albumi e le uova fino a renderli spumosi.

- Aggiungere gli spinaci e le uova alle verdure nella padella. Friggere all'aria per 8-12 minuti, mescolando tre volte durante la cottura, fino a quando le uova sono ben cotte e soffici e raggiungono i 160°F su un termometro da carne. Servire immediatamente.

Nutrizione:

Calorie 86

Grasso 3g

Proteine 8g

Carboidrati 5g

Pizza di fagioli e verdure

Ricetta di base

Tempo di preparazione: 10 minuti

Tempo di cottura: 20 minuti

Porzioni: 4

Ingredienti:

1   ¾ di tazza di farina di pasta integrale

2   ½ cucchiaino di lievito in polvere a basso contenuto di sodio

3   1 cucchiaio di olio d'oliva, diviso

4   1 tazza di cavolo tritato

5   tazze di spinaci freschi tritati

6   1 tazza di fagioli cannellini in scatola senza sale
    aggiunto, sciacquati e asciugati (vedi Suggerimento)

7   ½ cucchiaino di timo secco

8   1 pezzo di formaggio a pasta filata a basso contenuto di
    sodio, fatto a pezzi

Indicazioni:

- In una piccola ciotola, mescolare la farina da pasticceria
  e il lievito in polvere fino a quando sono ben combinati.

- Aggiungere ¼ di tazza di acqua e 2 cucchiaini di olio
  d'oliva. Mescolare fino a formare un impasto.

- Su una superficie infarinata, premete o arrotolate la
  pasta in un tondo di 7 pollici. In una padella da 6 per 2
  pollici, mescolare il cavolo, gli spinaci e il cucchiaino di
  olio d'oliva rimanente. Friggere all'aria per 3-5 minuti
  fino a quando i verdi sono appassiti. Asciugare bene.

- Mettere l'impasto della pizza nel cestello della
  friggitrice. Aggiungere le verdure, i fagioli cannellini, il
  timo e il formaggio a pasta filata. Friggere all'aria per
  11-14 minuti o fino a quando la crosta è dorata e il
  formaggio è sciolto. Tagliare in quarti per servire.

Nutrizione:

Calorie 175

Grasso 5g

Proteine 9g

Carboidrati 24g

Mini pizze al pollo grigliato

Ricetta di base

Tempo di preparazione: 15 minuti

Tempo di cottura: 10 minuti

Porzioni: 4

Ingredienti:

1   pane pita integrale a basso contenuto di sodio, diviso (vedi Suggerimento)
2   ½ tazza di salsa di pomodoro senza sale aggiunto
3   1 spicchio d'aglio, tritato
4   ½ cucchiaino di origano secco
5   1 petto di pollo cotto tagliuzzato
6   1 tazza di funghi champignon tritati
7   ½ tazza di peperone rosso tritato
8   ½ tazza di mozzarella parzialmente scremata a basso contenuto di sodio tagliuzzata

Indicazioni:

* Posizionare i pani pita, con l'interno verso l'alto, su una superficie di lavoro.

* In una piccola ciotola, mescolate insieme la salsa di pomodoro, l'aglio e l'origano. Distribuire circa 2 cucchiai di salsa su ogni metà di pita.

* Ricoprite ciascuno con ¼ di tazza di pollo tagliuzzato, ¼ di tazza di funghi e 2 cucchiai di peperone rosso. Cospargere con la mozzarella.

- Cuocere le pizze da 3 a 6 minuti, o fino a quando il formaggio si scioglie e comincia a dorarsi e il pane pita è croccante. Servire immediatamente.

Nutrizione:

Calorie 249

Grasso 7g

Proteina 23g

Carboidrati 25g

Crocchette di pollo

Ricetta di base

Tempo di preparazione: 15 minuti

Tempo di cottura: 10 minuti

Porzioni: 4

Ingredienti:

1. (5-ounce) petti di pollo cotti, tritati finemente (vedi Suggerimento)
2. ⅓ tazza di yogurt greco magro
3. cucchiai di cipolla rossa tritata
4. gambi di sedano, tritati
5. 1 spicchio d'aglio, tritato
6. ½ cucchiaino di basilico secco
7. albumi d'uovo, divisi
8. fette di pane integrale a basso contenuto di sodio, sbriciolate

Indicazioni:

- In una ciotola media, mescolare accuratamente il pollo, lo yogurt, la cipolla rossa, il sedano, l'aglio, il basilico e 1 albume. Formare il composto in 8 ovali e premere delicatamente in forma.
- In una ciotola poco profonda, sbattere l'albume rimanente fino a renderlo spumoso.
- Mettere la mollica di pane su un piatto.

- Immergere le crocchette di pollo nell'albume e poi nel pangrattato per ricoprirle.
- Friggere le crocchette all'aria, a gruppi, per 7-10 minuti, o fino a quando le crocchette raggiungono una temperatura interna di 160°F su un termometro da carne e il loro colore è marrone dorato. Servire immediatamente.

Nutrizione:

Calorie 207

Grasso 4g

Proteina 32g

Carboidrati 8g,

Costolette di maiale e salsa allo yogurt

Ricetta di base

Tempo di preparazione: 10 minuti

Tempo di cottura: 30 minuti

Porzioni: 4

Ingredienti:

1   cucchiai di olio di avocado

2   libbre di costolette di maiale

3   1 tazza di yogurt

4   spicchi d'aglio tritati

5   1 cucchiaio di curcuma in polvere

6   Sale e pepe nero a piacere

7   cucchiaio di origano, tritato

Indicazioni:

- Nella padella della friggitrice ad aria, mescolare le braciole di maiale con lo yogurt e gli altri ingredienti, saltare e cuocere a 400 gradi F per 30 minuti
- Dividere il mix tra i piatti e servire.

Nutrizione:

Calorie 301

Grasso 7

Carboidrati 19

Proteina 22

Mix di agnello e noci di macadamia

Ricetta di base

Tempo di preparazione: 10 minuti

Tempo di cottura: 20 minuti

Porzioni: 4

Ingredienti:

1   libbre di carne di stufato di agnello, a cubetti

2   cucchiai di noci macadamia, sbucciate

3   1 tazza di spinaci baby

4   ½ tazza di brodo di manzo

5   spicchi d'aglio tritati

6   Sale e pepe nero a piacere

7   1 cucchiaio di origano, tritato

Indicazioni:

- Nella padella della friggitrice ad aria, mescolare l'agnello con le noci e gli altri ingredienti,
- Cuocere a 380 gradi F per 20 minuti,
- Dividere tra i piatti e servire.

Nutrizione:

Calorie 280

Grasso 12

Carboidrati 20

Proteina 19

Manzo, cetrioli e melanzane

Ricetta di base

Tempo di preparazione: 10 minuti

Tempo di cottura: 20 minuti

Porzioni: 4

Ingredienti:

1. 1pound di carne di manzo in umido, tagliata a strisce
2. 2piante d'uovo, a cubetti
3. 2 cetrioli, affettati
4. 2 spicchi d'aglio, tritati
5. 1 tazza di panna pesante
6. 2 cucchiai di olio d'oliva
7. Sale e pepe nero a piacere

Indicazioni:

- In una teglia che si adatta alla vostra friggitrice ad aria, mescolare il manzo con le melanzane e gli altri ingredienti, mescolare, introdurre la teglia nella friggitrice e cuocere a 400 gradi F per 20 minuti
- Dividere il tutto in ciotole e servire.

Nutrizione:

Calorie 283

Grasso 11

Carboidrati 22

Proteina 14

Maiale al rosmarino e carciofi

Ricetta di base

Tempo di preparazione: 10 minuti

Tempo di cottura: 25 minuti

Porzioni: 4

Ingredienti:

1   1 libbra di carne di maiale in umido, a cubetti

2   1 tazza di cuori di carciofo in scatola, asciugati e
    dimezzati

3   2 cucchiai di olio d'oliva

4   2 cucchiai di rosmarino tritato

5   ½ cucchiaino di cumino, macinato

6   ½ cucchiaino di noce moscata, macinata

7   ½ tazza di panna acida

8   Sale e pepe nero a piacere

Indicazioni:

- In una padella adatta alla tua friggitrice, mescola la carne di maiale con i carciofi e gli altri ingredienti, introduci nella friggitrice e cuoci a 400 gradi F per 25 minuti

- Dividere il tutto in ciotole e servire.

Nutrizione:

Calorie 280

Grasso 13

Carboidrati 22

Proteina 18

Costolette di agnello alla senape

Ricetta di base

Tempo di preparazione: 15 minuti

Tempo di cottura: 30 minuti

Porzioni: 4

Ingredienti:

1. costolette di agnello da 4 once
2. cucchiai di senape di Digione
3. 1 cucchiaio di succo di limone fresco
4. ½ cucchiaino di olio d'oliva
5. 1 cucchiaino di dragoncello secco
6. Sale e pepe nero, a piacere

Indicazioni:

- Preriscaldare la friggitrice ad aria a 390 gradi F e ungere un cestello della friggitrice ad aria.
- Mescolare la senape, il succo di limone, l'olio, il dragoncello, il sale e il pepe nero in una grande ciotola.
- Rivestire generosamente le braciole con la miscela di senape e disporle nel cestello della friggitrice ad aria.
- Cuocere per circa 15 minuti, girando una volta in mezzo e servire caldo.

Nutrizione:

Calorie 433,

Grasso 17.6g,

Carboidrati 0.6g,

Proteine 64.1g,

Costolette di agnello alle erbe

Ricetta di base

Tempo di preparazione: 10 minuti

Tempo di cottura: 10 minuti

Porzioni: 2

Ingredienti:

1. 4: costolette di agnello da 4 once
2. 1 cucchiaio di succo di limone fresco
3. 1 cucchiaio di olio d'oliva
4. 1 cucchiaino di rosmarino secco
5. 1 cucchiaino di timo secco
6. 1 cucchiaino di origano secco
7. ½ cucchiaino di cumino macinato
8. ½ cucchiaino di coriandolo macinato
9. Sale e pepe nero, a piacere

Indicazioni:

- Preriscaldare la friggitrice ad aria a 390 gradi F e ungere un cestello della friggitrice ad aria.
- Mescolare il succo di limone, l'olio, le erbe e le spezie in una grande ciotola.
- Rivestire generosamente le braciole con la miscela di erbe e mettere in frigo a marinare per circa 1 ora.
- Disporre le braciole nel cestello della friggitrice ad aria e cuocere per circa 7 minuti, girando una volta in mezzo.

- Distribuire le costolette d'agnello in un piatto da portata e servire caldo.

Nutrizione:

Calorie 491

Grasso 24g

Carboidrati 1.6g

Proteina 64g

Costolette di agnello allo za'atar

Ricetta di base

Tempo di preparazione: 10 minuti

Tempo di cottura: 30 minuti

Porzioni: 4

Ingredienti:

1   8: costolette di agnello di 3½ once, rifilate
2   spicchi d'aglio, schiacciati
3   1 cucchiaio di succo di limone fresco
4   1 cucchiaino di olio d'oliva
5   1 cucchiaio di Za'ataro
6   Sale e pepe nero, a piacere

Indicazioni:

- Preriscaldare la friggitrice ad aria a 400 gradi F e ungere un cestello della friggitrice ad aria.
- Mescolare l'aglio, il succo di limone, l'olio, lo Za'atar, il sale e il pepe nero in una grande ciotola
- Rivestire generosamente le braciole con la miscela di erbe e disporre le braciole nel cestello della friggitrice ad aria.
- Cuocere per circa 15 minuti, girando due volte nel frattempo e servire le costolette d'agnello calde.

Nutrizione:

Calorie 433

Grasso 17.6g

Carboidrati 0.6g

Proteina 64.1g

Carrè d'agnello ricoperto di pesto

Ricetta di base

Tempo di preparazione: 15 minuti

Tempo di cottura: 15 minuti

Porzioni: 4

Ingredienti:

1. ½ mazzo di menta fresca
2. 1: 1 libbra e mezza di agnello
3. 1 spicchio d'aglio
4. ¼ di tazza di olio extravergine d'oliva
5. ½ cucchiaio di miele
6. Sale e pepe nero, a piacere

Indicazioni:

- Preriscaldare la friggitrice ad aria a 200 gradi F e ungere un cestello della friggitrice ad aria.
- Mettere la menta, l'aglio, l'olio, il miele, il sale e il pepe nero in un frullatore e frullare fino ad ottenere un pesto.
- Rivestire il carré d'agnello con questo pesto su entrambi i lati e disporlo nel cestello della friggitrice ad aria.
- Cuocere per circa 15 minuti e tagliare il rack in cotolette individuali per servire.

Nutrizione:

Calorie 406

Grasso 27.7g

Carboidrati 2.9g

Proteina 34.9g

Bistecche di agnello speziate

Ricetta di base

Tempo di preparazione: 15 minuti

Tempo di cottura: 14 minuti

Porzioni: 3

Ingredienti:

1   ½ cipolla, tritata grossolanamente
2   1½ libbra di bistecche di controfiletto d'agnello disossate
3   spicchi d'aglio, sbucciati
4   1 cucchiaio di zenzero fresco, sbucciato
5   1 cucchiaino di garam masala
6   1 cucchiaino di finocchio macinato
7   ½ cucchiaino di cumino macinato
8   ½ cucchiaino di cannella macinata
9   ½ cucchiaino di pepe di Caienna
10 Sale e pepe nero, a piacere

Indicazioni:

- Preriscaldare la friggitrice ad aria a 330 gradi F e ungere un cestello della friggitrice ad aria.

- Mettere la cipolla, l'aglio, lo zenzero e le spezie in un frullatore e frullare fino ad ottenere un composto omogeneo.

- Rivestire le bistecche di agnello con questa miscela su entrambi i lati e mettere in frigo a marinare per circa 24 ore.
- Disporre le bistecche d'agnello nel cestello della friggitrice ad aria e cuocere per circa 15 minuti, girando una volta in mezzo.
- Distribuire le bistecche in un piatto da portata e servirle calde.

Nutrizione:

Calorie 252

Grasso 16.7g

Carboidrati 4.2g

Proteina 21.7g

Cosciotto d'agnello con cavoletti di Bruxelles

Ricetta intermedia

Tempo di preparazione: 20 minuti

Tempo di cottura: 1 ora e 30 minuti

Porzioni: 4

Ingredienti:

- 2¼ libbre di coscia d'agnello
- 1 cucchiaio di rosmarino fresco, tritato
- 1 cucchiaio di timo fresco al limone
- 1½ libbra di cavoletti di Bruxelles, tagliati
- cucchiai di olio d'oliva, divisi
- 1 spicchio d'aglio, tritato
- Sale e pepe nero macinato, come richiesto
- cucchiai di miele

Indicazioni:

Preriscaldare la friggitrice ad aria a 300 gradi F e ungere un cestello della friggitrice ad aria.

1. Fare delle fessure nel cosciotto d'agnello con un coltello affilato.

2. Mescolare 2 cucchiai di olio, erbe, aglio, sale e pepe nero in una ciotola.

3. Rivestire generosamente il cosciotto d'agnello con la miscela d'olio e disporlo nel cestello della friggitrice ad aria.

4   Cuocere per circa 75 minuti e impostare la friggitrice ad aria a 390 gradi F.

5   Rivestire uniformemente i cavoletti di Bruxelles con l'olio e il miele rimanenti e disporli nel cestello della friggitrice ad aria con il cosciotto d'agnello.

6   Cuocere per circa 15 minuti e servire caldo.

Nutrizione:

Calorie 449

Grassi 19.9g

Carboidrati 16.6g

Proteina 51.7g

Polpette di formaggio con senape al miele

Ricetta di base

Tempo di preparazione: 15 minuti

Tempo di cottura: 15 minuti

Porzioni: 8

Ingredienti:

- cipolle, tritate

- 1 libbra di manzo macinato
- cucchiai di basilico fresco, tritato
- cucchiai di formaggio cheddar, grattugiato
- cucchiaini di pasta d'aglio
- cucchiaini di miele
- Sale e pepe nero, a piacere
- cucchiaini di senape

Indicazioni:

- Preriscaldare la friggitrice ad aria a 3850F e ungere un cestello della friggitrice ad aria.
- Mescolare tutti gli ingredienti in una ciotola fino a quando non sono ben combinati.
- Modellare delicatamente il composto in palline di uguali dimensioni e disporre le polpette nel cestello della friggitrice ad aria.
- Cuocere per circa 15 minuti e servire caldo.

Nutrizione:

Calorie 134

Grasso 4.4g

Carboidrati 4.6g

Proteine 18.2g

Kebab di agnello piccante

Ricetta di base

Tempo di preparazione: 20 minuti

Tempo di cottura: 10 minuti

Porzioni: 6

Ingredienti:

1. uova, sbattute
2. 1 tazza di pistacchi, tritati
3. 1 libbra di agnello macinato
4. cucchiai di farina normale
5. cucchiai di prezzemolo a foglia piatta, tritato
6. cucchiaini di fiocchi di peperoncino
7. spicchi d'aglio tritati
8. cucchiai di succo di limone fresco
9. cucchiaini di semi di cumino
10. 1 cucchiaino di semi di finocchio
11. cucchiaini di menta secca
12. cucchiaini di sale
13. Olio d'oliva
14. 1 cucchiaino di semi di coriandolo
15. 1 cucchiaino di pepe nero appena macinato

Indicazioni:

- Preriscaldare la friggitrice ad aria a 355 gradi F e ungere un cestello della friggitrice ad aria.

- Mescolare l'agnello, i pistacchi, le uova, il succo di limone, i fiocchi di peperoncino, la farina, i semi di cumino, i semi di finocchio, i semi di coriandolo, la menta, il prezzemolo, il sale e il pepe nero in una grande ciotola.
- Infilare il composto di agnello su spiedini di metallo per formare delle salsicce e ricoprire con olio d'oliva.
- Mettere gli spiedini nel cestello della friggitrice ad aria e cuocere per circa 8 minuti
- Distribuire in un piatto da portata e servire caldo.

Nutrizione:

Calorie 284

Grasso 15.8g

Carboidrati 8.4g

Proteina 27.9g

Semplici hamburger di manzo

Ricetta di base

Tempo di preparazione: 20 minuti

Tempo di cottura: 10 minuti

Porzioni: 6

Ingredienti:

1. libbre di manzo macinato
2. fette di formaggio cheddar
3. involtini per la cena
4. cucchiai di ketchup di pomodoro
5. Sale e pepe nero, a piacere

Indicazioni:

- Preriscaldare la friggitrice ad aria a 390 gradi F e ungere un cestello della friggitrice ad aria.
- Mescolare il manzo, il sale e il pepe nero in una ciotola.
- Fare delle piccole polpette di uguali dimensioni con l'impasto di manzo e disporre la metà delle polpette nel cestello della friggitrice ad aria.
- Cuocere per circa 12 minuti e coprire ogni patty con 1 fetta di formaggio.
- Disporre le polpette tra i panini e irrorare con il ketchup.
- Ripetere con il lotto rimanente e servire caldo.

Nutrizione:

Calorie 537

Grasso 28.3g

Carboidrati 7.6g

Proteina 60.6g

Agnello con patate

Ricetta di base

Tempo di preparazione: 20 minuti

Tempo di cottura: 20 minuti

Porzioni: 2

Ingredienti:

1   ½ libbra di carne d'agnello

2   patate piccole, sbucciate e tagliate a metà

3   ½ cipolla piccola, sbucciata e tagliata a metà

4   ¼ di tazza di patatine dolci congelate

5   1 spicchio d'aglio, schiacciato

6   ½ cucchiaio di rosmarino secco, schiacciato

7   1 cucchiaino di olio d'oliva

Indicazioni:

- Preriscaldare la friggitrice ad aria a 355 gradi F e disporre un divisorio nella friggitrice ad aria. Strofinare uniformemente l'agnello con aglio e rosmarino e metterlo su un lato del divisorio della friggitrice.

- Cuocere per circa 20 minuti e nel frattempo, cuocere le patate al microonde per circa 4 minuti. Distribuire le patate in una grande ciotola e mescolare con l'olio d'oliva e le cipolle.

- Trasferire nel divisore della friggitrice ad aria e cambiare il lato della rampa dell'agnello.

- Cuocere per circa 15 minuti, capovolgendo una volta in mezzo, e disporli in una ciotola.

Nutrizione:

Calorie 399

Grasso 18.5g

Carboidrati 32.3g

Proteina 24,5g

Miscela di manzo alla noce moscata

Ricetta di base

Tempo di preparazione: 10 minuti

Tempo di cottura: 30 minuti

Porzioni: 4

Ingredienti:

1. libbre di carne di manzo in umido, a cubetti
2. 1 cucchiaino di noce moscata, macinata
3. cucchiai di olio di avocado
4. ½ cucchiaino di peperoncino in polvere
5. ¼ di tazza di brodo di manzo
6. 2 cucchiai di erba cipollina, tritata
7. Sale e pepe nero a piacere

Indicazioni:

- In una padella adatta alla friggitrice, mescolare il manzo con la noce moscata e gli altri ingredienti, mescolare, introdurre la padella nella friggitrice e cuocere a 400 gradi F per 30 minuti
- Dividere la miscela in ciotole e servire.

Nutrizione:

Calorie 280

Grasso 12

Carboidrati 17

Proteina 14

Origano Daikon

Ricetta di base

Tempo di preparazione: 10 minuti

Tempo di cottura: 10 minuti

Porzioni: 5

Ingredienti:

1. 1 libbra di daikon
2. ½ cucchiaino di salvia
3. 1 cucchiaino di sale
4. 1 cucchiaio di olio d'oliva
5. 1 cucchiaino di origano secco

Indicazioni:

- Sbucciare il daikon e tagliarlo a cubetti.
- Cospargere i cubetti di daikon con salvia, sale e origano secco.
- Mescolare bene
- Preriscaldare la friggitrice a 360 F.
- Mettere i cubetti di daikon nella griglia della friggitrice ad aria e irrorare con olio d'oliva.
- Cuocere il daikon per 6 minuti
- Girare il daikon e cuocere per altri 4 minuti o fino a quando è morbido e dorato.

Nutrizione:

Calorie 43

Grasso 2,8

Carboidrati 3,9

Proteina 1.9

Spinaci cremosi

Ricetta di base

Tempo di preparazione: 10 minuti

Tempo di cottura: 12 minuti

Porzioni: 4

Ingredienti:

1   oz steli di erba cipollina

2   tazza di spinaci

3   1 tazza di brodo di pollo

4   1 tazza di panna pesante

5   1 cucchiaino di sale

6   1 cucchiaino di paprika

7   ½ cucchiaino di fiocchi di peperoncino

8   1 cucchiaino di pepe nero macinato

9   ½ cucchiaino di aglio tritato

10 oz. Parmigiano, tritato

Indicazioni:

- Preriscaldare la friggitrice ad aria a 390 F.
- Tritare gli spinaci grossolanamente.
- Mettere gli spinaci nella ciotola del cestello della friggitrice ad aria.
- Aggiungere il brodo di pollo e la panna pesante.
- Aggiungere sale, paprika, fiocchi di peperoncino e pepe nero macinato.
- Aggiungere l'erba cipollina e l'aglio tritato.

- Mescolare delicatamente e cuocere per 10 minuti
- Frullare con un frullatore a mano. Si dovrebbe ottenere la consistenza cremosa di una zuppa.
- Cospargere con il formaggio tagliuzzato e cuocere per 2 minuti a 400 F.
- Servire caldo.

Nutrizione:

Calorie 187

Grasso 16

Carboidrati 4,4

Proteina 8.4

Melanzane con formaggio grattugiato

Ricetta di base

Tempo di preparazione: 15 minuti

Tempo di cottura: 10 minuti

Porzioni: 10

Ingredienti:

- melanzane
- 1 cucchiaino di aglio tritato
- 1 cucchiaino di olio d'oliva
- oz. Formaggio Cheddar, grattugiato
- ½ cucchiaino di pepe nero macinato

Indicazioni:

1   Lavare accuratamente le melanzane e affettarle.

2 Strofinare le fette con aglio tritato, sale e pepe nero macinato.

3 Lasciare le fette per 5 minuti a marinare.

4 Preriscaldare la friggitrice a 400 F.

5 Mettere i cerchi di melanzane nella griglia della friggitrice ad aria e cuocerli per 6 minuti

6 Poi girateli e fateli cuocere per altri 5 minuti.

7 Cospargere le melanzane con il formaggio grattugiato e cuocere per 30 secondi.

8 Servire caldo.

Nutrizione:

Calorie 97

Grasso 6.2

Carboidrati 7,7

Proteina 5.2

Bulbi di aglio coriandolo

Ricetta di base

Tempo di preparazione: 10 minuti

Tempo di cottura: 10 minuti

Porzioni: 18

Ingredienti:

1. Teste d'aglio da 1 libbra
2. cucchiai di olio d'oliva
3. 1 cucchiaino di origano secco
4. 1 cucchiaino di basilico secco
5. 1 cucchiaino di coriandolo macinato
6. ¼ di cucchiaino di zenzero macinato

Indicazioni:

- Tagliare le estremità dei bulbi d'aglio.
- Posizionare ogni bulbo su un foglio di alluminio.
- Spalmateli con olio d'oliva, origano secco, basilico secco, coriandolo macinato e zenzero macinato.
- Preriscaldare la friggitrice a 400 F.
- Avvolgere l'aglio nella pellicola e metterlo nella friggitrice.
- Cuocere per 10 minuti fino a quando è morbido.
- Lasciateli raffreddare per almeno 10 minuti prima di servirli.

Nutrizione:

Calorie 57

Grasso 1,4

Carboidrati 8,2

Proteina 1.3

Bastoncini di parmigiano

Ricetta di base

Tempo di preparazione: 10 minuti

Tempo di cottura: 10 minuti

Porzioni: 3

Ingredienti:

1   oz. Parmesan

2   1 uovo

3   ½ tazza di panna pesante

4   cucchiai di farina di mandorle

5   ¼ di cucchiaino di pepe nero macinato

Indicazioni:

- Rompere l'uovo in una ciotola e sbattere.

- Aggiungere la panna pesante e la farina di mandorle.

- Cospargere il composto con pepe nero macinato.

- Sbattete con cura o usate un mixer a mano.

- Tagliare il formaggio in bastoncini spessi e corti

- Immergere i bastoncini nella miscela di panna pesante.

- Mettere i bastoncini di formaggio in sacchetti da freezer e congelarli.

- Preriscaldare la friggitrice a 400 F.

- Mettere i bastoncini di formaggio nella griglia della friggitrice.

- Cuocere per 8 minuti

Nutrizione:

Calorie 389

Grasso 29,5

Carboidrati 5,5

Proteina 28,6

Piselli da neve cremosi

Ricetta di base

Tempo di preparazione: 10 minuti

Tempo di cottura: 5 minuti

Porzioni: 5

Ingredienti:

1. ½ tazza di panna pesante
2. 1 cucchiaino di burro
3. 1 cucchiaino di sale
4. 1 cucchiaino di paprika
5. 1 libbra di piselli da neve
6. ¼ di cucchiaino di noce moscata

Indicazioni:

- Preriscaldare la friggitrice a 400 F.
- Lavare accuratamente i piselli da neve e metterli nel vassoio del cestello della friggitrice ad aria.
- Poi cospargere i piselli di neve con il burro, il sale, la paprika, la noce moscata e la panna pesante.
- Cuocere i piselli di neve per 5 minuti
- Quando il tempo è finito: scuotere delicatamente i piselli di neve e trasferirli nei piatti di servizio.
- Buon divertimento!

Nutrizione:

Calorie 98

Grasso 5,9

Carboidrati 6,9

Proteina 3,5

Okra al sesamo

Ricetta di base

Tempo di preparazione: 10 minuti

Tempo di cottura: 4 minuti

Porzioni: 4

Ingredienti:

1   1 cucchiaio di olio di sesamo

2   1 cucchiaino di semi di sesamo

3   oz. okra

4   ½ cucchiaino di sale

5   1 uovo

Indicazioni:

- Lavare l'okra e tagliarla grossolanamente.
- Rompere l'uovo in una ciotola e sbatterlo.
- Aggiungere l'okra tritata all'uovo sbattuto.
- Cospargere con i semi di sesamo e il sale.
- Preriscaldare la friggitrice a 400 F.
- Mescolare accuratamente il composto di gombo.
- Mettere il composto nel cestello della friggitrice ad aria.
- Irrorare con olio d'oliva.
- Cuocere l'okra per 4 minuti
- Mescolare e servire.

Nutrizione:

Calorie 81

Grasso 5

Carboidrati 6.1

Proteina 3

Cunei di finocchio e origano

Ricetta di base

Tempo di preparazione: 15 minuti

Tempo di cottura: 6 minuti

Porzioni: 4

Ingredienti:

1. 1 cucchiaino di estratto di stevia
2. ½ cucchiaino di timo fresco
3. ½ cucchiaino di sale
4. 1 cucchiaino di olio d'oliva
5. 14 once di finocchio
6. 1 cucchiaino di burro
7. 1 cucchiaino di origano secco
8. ½ cucchiaino di fiocchi di peperoncino

Indicazioni:

- Tagliare il finocchio a spicchi. Sciogliere il burro. Unire il burro, l'olio d'oliva, l'origano secco e i fiocchi di peperoncino in una ciotola.

- Combinare bene.

- Aggiungere il sale, il timo fresco e l'estratto di stevia. Frullare delicatamente.

- Spennellare gli spicchi di finocchio con la miscela. Preriscaldare la friggitrice a 370 F.

- Mettere gli spicchi di finocchio nella griglia della friggitrice.

- Cuocere gli spicchi di finocchio per 3 minuti su ogni lato.

Nutrizione:

Calorie 41

Grasso 1,9

Carboidrati 6.1

Proteina 1

Frittelle di prezzemolo e cavolo rapa

Ricetta di base

Tempo di preparazione: 10 minuti

Tempo di cottura: 7 minuti

Porzioni: 4

Ingredienti:

1. oz. cavolo rapa
2. 1 uovo
3. 1 cucchiaio di farina di mandorle
4. ½ cucchiaino di sale
5. 1 cucchiaino di olio d'oliva
6. 1 cucchiaino di pepe nero macinato
7. 1 cucchiaio di prezzemolo secco
8. ¼ di cucchiaino di peperoncino

Indicazioni:

- Sbucciare il cavolo rapa e grattugiarlo. Unire il cavolo rapa grattugiato con sale, pepe nero macinato, prezzemolo secco e peperoncino.

- Rompere l'uovo nel composto e sbatterlo. Fare delle frittelle medie con il composto.

- Preriscaldare la friggitrice ad aria a 380 F. Ungere il vassoio del cestello della friggitrice ad aria con olio d'oliva e mettere le frittelle all'interno. Cuocere le frittelle per 4 minuti Girare le frittelle e cuocere per altri 3 minuti. Lasciare raffreddare leggermente prima di servire.

Nutrizione:

Calorie 66

Grasso 4,7

Carboidrati 4,4

Proteina 3.2

Germogli di bambù all' erba cipollina

Ricetta di base

Tempo di preparazione: 10 minuti

Tempo di cottura: 4 minuti

Porzioni: 2

Ingredienti:

1   once di germogli di bambù
2   spicchi d'aglio, affettati
3   1 cucchiaio di olio d'oliva
4   ½ cucchiaino di fiocchi di peperoncino
5   cucchiaio di erba cipollina
6   ½ cucchiaino di sale
7   cucchiai di brodo di pesce

Indicazioni:

- Preriscaldare la friggitrice a 400 F. Tagliare i germogli di bambù a strisce.

- Unire gli spicchi d'aglio affettati, l'olio d'oliva, i fiocchi di peperoncino, il sale e il brodo di pesce nel vassoio del cestello della friggitrice ad aria. Cuocere per 1 minuto.

- Mescolare il composto delicatamente. Aggiungere le strisce di bambù e l'erba cipollina.

- Mescolare con cura e cuocere per altri 3 minuti.

- Mescolare di nuovo prima di servire.

Nutrizione:

Calorie 100

Grasso 7,6

Carboidrati 7

Proteina 3.7

Melanzane e zucchine estive

Ricetta di base

Tempo di preparazione: 15 minuti

Tempo di cottura: 15 minuti

Porzioni: 8

Ingredienti:

1. 1 melanzana
2. 1 pomodoro
3. 1 zucchina
4. oz steli di erba cipollina
5. peperoni verdi
6. 1 cucchiaino di paprika
7. 1 cucchiaio di olio d'oliva
8. ½ cucchiaino di noce moscata macinata
9. ½ cucchiaino di timo macinato
10. 1 cucchiaino di sale

Indicazioni:

- Preriscaldare la friggitrice ad aria a 390 F.
- Lavare accuratamente le melanzane, i pomodori e le zucchine.
- Tritare grossolanamente tutte le verdure.
- Mettere le verdure tritate nel vassoio del cestello della friggitrice ad aria.
- Rivestire le verdure con la paprika, l'olio d'oliva, la noce moscata macinata, il timo macinato e il sale.

- Mescolare le verdure con due spatole.
- Tagliare i peperoni verdi in quadrati.
- Aggiungere i quadrati al composto di verdure. Mescolare delicatamente.
- Cuocere per 15 minuti, mescolando dopo 10 minuti e poi servire.

Nutrizione:

Calorie 48

Grasso 2.1

Fibra 3.3

Carboidrati 7,4

Proteina 1.4

Zucchini Hassel indietro

Ricetta di base

Tempo di preparazione: 15 minuti

Tempo di cottura: 12 minuti

Porzioni: 2

Ingredienti:

1   1 zucchina

2   oz. Cheddar, affettato

3   ½ cucchiaino di sale

4   ½ cucchiaino di origano secco

5   ½ cucchiaino di coriandolo macinato

6   ½ cucchiaino di paprika

7   cucchiai di panna pesante

8   1 cucchiaino di olio d'oliva

9   ¼ di cucchiaino di aglio tritato

Indicazioni:

- Tagliare le zucchine a forma di dorso di Hassel.
- Poi riempire le zucchine con il formaggio a fette.
- Rivestire le zucchine Hassel con sale, origano secco, coriandolo macinato, paprika, aglio tritato, olio d'oliva e panna pesante.
- Preriscaldare la friggitrice a 400 F.
- Avvolgere le zucchine Hassel nella pellicola e metterle nella friggitrice preriscaldata.
- Cuocere per 12 minuti

- Quando la zucchina è cotta, toglierla dal foglio e tagliarla in 2 pezzi.

Nutrizione:

Calorie 215

Grasso 14,9

Carboidrati 5,7

Proteina 15,6

Butternut Squash Hash

Ricetta di base

Tempo di preparazione: 10 minuti

Tempo di cottura: 14 minuti

Porzioni: 4

Ingredienti:

1. 1 tazza di brodo di pollo
2. oz. di zucca butternut
3. 1 cucchiaino di sale
4. 1 cucchiaio di burro
5. 1 cucchiaino di aneto secco
6. ¼ di cucchiaino di paprika

Indicazioni:

- Sbucciare la zucca butternut e tagliarla a pezzi.
- Preriscaldare la friggitrice a 370 F.
- Versare il brodo di pollo nel vassoio del cestello della friggitrice ad aria.
- Aggiungere il sale, la zucca tritata, il burro, l'aneto secco e la paprika.
- Mescolare delicatamente.
- Cuocere per 14 minuti
- Trasferire in una ciotola.
- Usare una forchetta per schiacciare.
- Servire immediatamente.

Nutrizione:

Calorie 61

Grasso 3.3

Carboidrati 6.2

Proteina 0,9

Funghi al burro con erba cipollina

Ricetta di base

Tempo di preparazione: 10 minuti

Tempo di cottura: 10 minuti

Porzioni: 2

Ingredienti:

1   1 tazza di funghi bianchi
2   oz steli di erba cipollina
3   1 cucchiaio di burro
4   1 cucchiaino di olio d'oliva
5   1 cucchiaino di rosmarino secco
6   1/3 di cucchiaino di sale
7   ¼ di cucchiaino di noce moscata macinata

Indicazioni:

- Preriscaldare la friggitrice a 400 F.
- Versare l'olio d'oliva e il burro nel vassoio del cestello della friggitrice ad aria.
- Aggiungere il rosmarino secco, il sale e la noce moscata macinata.
- Mescolare delicatamente.
- Tagliare a dadini l'erba cipollina.
- Aggiungere l'erba cipollina tagliata a dadini nel vassoio del cestello della friggitrice ad aria.
- Cuocere per 5 minuti
- Nel frattempo, tritare i funghi bianchi.

- Aggiungere i funghi.
- Mescolare il composto e cuocerlo per altri 5 minuti alla stessa temperatura.
- Mescolare e poi servire.

Nutrizione:

Calorie 104

Grasso 8,4

Carboidrati 6,8

Proteina 1.8

Piano alimentare di 30 giorni

Giorno	Colazione	Pranzo/cena	Dessert
1	Grigliata di gamberi	Involtini di spinaci	Torta di crepe al matcha
2	Yogurt al cocco con semi di chia	Pieghevole al formaggio di capra	Mini torte di zucca alle spezie
3	Budino di chia	Torta di crêpe	Barrette di noci
4	Bombe di grasso all'uovo	Zuppa di cocco	Torta di libbra
5	Poltiglia mattutina	Tacos di pesce	Chips di tortilla con cannella
6	Uova alla scozzese	Insalata Cobb	Yogurt alla granola con bacche
7	Panino al bacon	Zuppa di formaggio	Sorbetto alle bacche
8	Noatmeal	Tartare di tonno	Frullato di bacche di cocco
9	Colazione al	Zuppa di	Frullato di latte

	forno con carne	vongole	di cocco e banana
10	Colazione Bagel	Insalata di manzo asiatico	Frullato di mango e ananas
11	Hash di uova e verdure	Carbonara Keto	Frullato verde al lampone
12	Cowboy Skillet	Zuppa di cavolfiore con semi	Frullato di bacche caricato
13	Quiche alla feta	Asparagi avvolti nel prosciutto	Frullato di papaya, banana e cavolo riccio
14	Frittelle di pancetta	Peperoni ripieni	Frullato di arancia verde
15	Cialde	Melanzane ripiene con formaggio di capra	Doppio frullato di bacche
16	Frullato al cioccolato	Korma Curry	Barrette proteiche energizzanti
17	Uova in cappelli di funghi Portobello	Barrette di zucchine	Brownies dolci e nocivi

18	Bombe grasse al Matcha	Zuppa di funghi	Keto Macho Nachos
19	Ciotola di frullato Keto	Funghi di Portobello ripieni	Gelato al burro di arachidi, cioccolato e banana con menta
20	Frittata di salmone	Insalata di lattuga	Pesche alla cannella e yogurt
21	Hash Brown	Zuppa di cipolla	Ghiaccioli di pera e menta e miele
22	Casseruola di Black's Bangin'	Insalata di asparagi	Frullato di arancia e pesche
23	Coppe di pancetta	Tabbouleh al cavolfiore	Frullato di mele speziate al cocco
24	Uova agli spinaci e formaggio	Manzo Salpicao	Frullato dolce e nocivo
25	Taco Wraps	Carciofo ripieno	Frullato di zenzero e bacche
26	Ciambelle al caffè	Involtini di spinaci	Frullato vegetariano amichevole

27	Frittata all'uovo al forno	Pieghevole al formaggio di capra	Frullato ChocNut
28	Risotto al ranch	Torta di crêpe	Frullato di fragola Coco
29	Uova alla scozzese	Zuppa di cocco	Frullato di bacche e spinaci all'uovo
30	Uova fritte	Tacos di pesce	Frullato di dessert cremoso

Conclusione

Grazie per essere arrivati alla fine di questo libro.

La friggitrice ad aria è un'aggiunta relativamente nuova alla cucina, ed è facile capire perché la gente si entusiasma ad usarla. Con una friggitrice ad aria, puoi fare patatine croccanti, ali di pollo, petti di pollo e bistecche in pochi minuti.

Ci sono molti cibi deliziosi che puoi preparare senza aggiungere olio o grasso al tuo pasto. Ancora una volta assicurati di leggere le istruzioni della tua friggitrice ad aria e segui le regole per un uso e una manutenzione corretti.

Una volta che la tua friggitrice ad aria è in buone condizioni di lavoro, puoi davvero diventare creativo e iniziare a sperimentare la tua strada verso un cibo sano e dal sapore fantastico.

Questo è tutto! Grazie!

CPSIA information can be obtained
at www.ICGtesting.com
Printed in the USA
BVHW052027120421
604747BV00005B/324